VERBUM INFANTIL JUVENIL

EL PRADO DESVELADO

Verbum **Infantil-Juvenil**

Dirigida por: LUIS RAFAEL

Colección creada especialmente para la formación y el disfrute de los primeros lectores. Libros atractivos, con temas, lenguaje y enfoques contemporáneos, que permitirán a niños y jóvenes deleitarse con la lectura al tiempo que acceden a universos donde la palabra es vehículo idóneo para explicar, desde el arte, las disímiles aristas de la realidad.

Presenta álbumes para niños de diferentes edades y las series especiales Clásicos en Cómic y Famosos en cómic, donde aparecen versionadas las obras fundamentales de la literatura universal y las biografías de personajes como Albert Einstein, César Vallejo, Miguel de Cervantes, Charles Chaplin, William Shakespeare, etc.

Atesora, además, obras clásicas de la literatura infantil-juvenil y contemporáneas de importantes autores como Jordi Sierra-i-Fabra, Luis Cabrera Delgado, José Marti, Hans Christían Andersen, Fernán Caballero, Alejandro Dumas, Julio Verne, Emilio Salgari, Enrique Pérez Díaz, Nicolás Guillén, Miguel Hernández, Antonio Machado, Federico García Lorca, Juan Ramón Jiménez, Carlo Frabetti, entre otros.

ISMAEL MARTÍ

EL PRADO DESVELADO:

Historias Ocultas y Misterios de sus Obras Maestras

EDITORIAL VERBUM

© Ismael Martí, 2025
© Editorial Verbum, S.L., 2025

Tr.ª Sierra de Gata, 5
La Poveda (Arganda del Rey)
28500 Madrid
Teléf.: (+34) 910 46 54 33
e-mail: info@editorialverbum.es
https://editorialverbum.es

I.S.B.N.: 978-84-1337-962-3

Diseño y maquetación: Iván García Molinero
Preimpresión: Adrians Esquivel Romero
Printed in Spain / Impreso en España

Este libro ha sido
impreso con papel
ecológico procedente
de bosques sostenibles.

ÍNDICE

UN MUSEO CON MAGIA

Si alguna vez has entrado en un lugar lleno de magia y misterio, sabrás que el Museo del Prado es así, ¡pero multiplicado por mil! Este museo no es solo un edificio enorme lleno de cuadros: es un cofre de historias escondidas, como esos baúles que aparecen en los cuentos, donde los héroes encuentran tesoros polvorientos y olvidados. Pero aquí los tesoros no son monedas ni joyas. ¡Aquí el tesoro es el arte! Y sus secretos están esperando a que tú los descubras.

Hace muuuucho tiempo, más de doscientos años atrás, un rey llamado Carlos III, conocido como "el mejor alcalde de Madrid" porque adoraba mejorar y modernizar la capital de España, soñó con que tuviésemos un lugar especial donde guardar las mejores obras de arte. Sin embargo, no fue él quien lo construyó, sino su nieto, Fernando VII, junto con su esposa, la reina Isabel de Braganza, que también amaba el arte.

Cuentan que Isabel se entusiasmaba tanto hablando de cuadros y esculturas, que convenció a su esposo de convertir un edificio abandonado en el museo más grande de España. Así, el 19 de noviembre de 1819, se abrieron las puertas del Museo del Prado, aunque en aquel momento solo contaba con 311 cuadros. ¡Hoy tiene más de 8,000 obras en su colección! Y no creas que el Prado es un museo cualquiera. Muchos dicen que tiene alma propia. Algunos trabajadores cuentan que, cuando cae la noche y el museo queda en silencio, las figuras de los cuadros susurran sus historias. Imagina a los reyes y reinas de los retratos compartiendo sus secretos de la corte, a los ángeles de Rubens conversando sobre las travesuras de los pintores, o a los monstruos de Goya susurrando en la oscuridad. Dicen que el cuadro de *Las Meninas*, uno de los óleos más misteriosos del museo, cobra vida en esos momentos, como si el propio Velázquez, el pintor que lo creó, estuviera observando desde su rincón con una sonrisa traviesa.

Cada sala del Prado tiene su propia personalidad y guarda un secreto que podemos revelarte si tienes paciencia y ganas de leer. Algunas de esas salas están llenas de cuadros de batallas, con soldados y caballos que parecen saltar del lienzo y lanzarse a la guerra. Otras están repletas de retratos, esos cuadros donde la gente de siglos pasados parece observarte desde el otro lado, como si quisieran contarte sus anécdotas de palacio. ¡Hay niños que aseguran sentir un leve escalofrío cuando miran fijamente a alguno de estos personajes y se dan cuenta de que parecen estar vivos! ¿Sabías que, en el siglo XIX, los visitantes decían que algunos de esos retratos tenían un poder especial y eran capaces de revelar cosas sobre quien los miraba?

Y no hablemos del misterio de *Las Meninas* de Velázquez. Este cuadro es tan famoso que tiene su propia sala y lo han estudiado los expertos durante siglos, buscando descubrir qué mensaje oculto quiso dejar el pintor. Porque ahí, en ese óleo, Velázquez incluyó un espejo, unos personajes que parecen salir de la pintura y una serie de elementos que han hecho que generaciones enteras de artistas y curiosos se queden boquiabiertos frente a él. Cuentan que algunos niños, con la imaginación volando, sueñan que han entrado en el cuadro y que la princesa Margarita les ha invitado a jugar con ella y su perro. ¿Te imaginas?

El Prado ha visto pasar de todo: desde reyes y nobles con pelucas enormes y vestidos lujosos, hasta guerreros y doncellas que posaron para los artistas más talentosos de España. Y, aunque hoy en día los visitantes ya no llevan espadas ni trajes de época, cada niño que entra por sus puertas agrega un poco de su propia magia a las salas. Como si el museo supiera que, mientras exista alguien dispuesto a explorar sus secretos, sus cuadros seguirán cobrando vida.

María Isabel de Braganza como fundadora del Museo del Prado,
Bernardo López Piquer, 1829

Y es que el Museo del Prado no es solo un museo, es una invitación a viajar por el arte, a otros mundos y otros tiempos. Aquí, entre sus paredes, puedes ser un explorador, un aventurero en busca de tesoros visuales y un detective de las historias ocultas en cada pincelada. Así que prepárate, porque esta no es una historia de museo aburrido, ¡nada de eso! Es un cuento de aventuras, de secretos que te harán sonreír y de descubrimientos que no creerás posibles.

¿Estás listo para adentrarte en el misterio del Museo del Prado y descubrir qué secretos guarda para ti? Adelante, joven explorador, porque este viaje apenas comienza.

LOS GUARDIANES DEL PRADO

Sabías que hay personas tan importantes para el Museo del Prado que parece que su espíritu sigue ahí, cuidando cada pintura y cada escultura como si fueran sus propios hijos? Estos personajes no solo trabajaron en el Prado, sino que también dejaron en el museo una parte de ellos, como si sus sombras aún pasearan entre las salas, asegurándose de que todo esté en su lugar. Los llaman los "guardianes del Prado", y aunque no llevan capas ni espadas, su historia es tan increíble que parece de película.

Uno de los guardianes más famosos es, sin duda, **Velázquez**, el pintor de pintores. Diego Velázquez no solo es el creador de algunas de las obras más conocidas del museo, como *Las Meninas*, sino que también era el artista oficial de la corte del rey Felipe IV. Dicen que era un genio al que le gustaba tanto experimentar con su pintura, que logró hacer que sus cuadros parecieran mágicos, reales y con vida. Velázquez sigue presente en el Prado no solo por su obra, sino porque, según algunos, su espíritu se pasea en silencio por su sala, como si quisiera asegurarse de que nadie se pierda ni un detalle de sus óleos. Imagínate que, una noche cualquiera, Velázquez baja de su autorretrato y se acerca a sus otras pinturas para asegurarse de que las figuras en *Las Meninas* estén perfectamente alineadas.

Autorretrato
Diego Velázquez, 1640

Autorretrato
Francisco de Goya, 1815

Otro de los guardianes más queridos del Museo es **Goya**, el pintor que nunca tuvo miedo de mostrar la verdad, aunque fuera oscura. Francisco de Goya fue el pintor de la corte muchos años después de Velázquez, pero su estilo era muy diferente. Goya pintó reyes, sí, pero también mostró la dureza de las guerras y los sueños más extraños que pasaban por su cabeza. Algunos visitantes aseguran que, si miras

15

de cerca los ojos de sus personajes, puedes sentir lo que ellos sienten, como si Goya mismo estuviera mostrándote el mundo a través de sus ojos. Los vigilantes del Prado cuentan que a veces escuchan ruidos raros o una extraña calma en la sala de Goya, como si él mismo estuviera ahí, cuidando que sus cuadros transmitan exactamente lo que él quiso expresar.

Y no podemos olvidar a los que, aunque no fueron pintores, dieron su vida al museo. Están **el rey Fernando VII y su esposa Isabel de Braganza**, quienes convirtieron un edificio viejo y olvidado en lo que ahora es la mejor pinacoteca de España y una de las mejores colecciones de pinturas del mundo entero. Isabel amaba tanto el arte que se dice que, incluso después de su muerte, algunos dicen sentir su presencia en las salas de El Prado. Y luego está **Jerónima Agulló**, una de las primeras mujeres en trabajar en el museo, quien dedicó toda su vida a cuidar estas obras.

A veces, las historias de tales guardianes son un poco como las leyendas de los castillos: no sabemos cuánto es verdad y cuánto es imaginación, pero es bonito pensar que alguien sigue cuidando esos tesoros con tanto amor.

Finalmente, el Prado tiene también a sus guardianes de carne y hueso, personas que trabajan todos los días asegurándose de que cada pintura esté perfecta, que los visitantes se sientan como en casa y que el arte esté bien conservado. Los restauradores, por ejemplo, tienen el trabajo de mantener las pinturas como si el tiempo no hubiera pasado, dándoles retoques invisibles que mantienen vivas las obras, con sus colores, brillo y matices como recién pintadas. También están los vigilantes, que recorren cada sala, atentos a que nada se altere, como si fueran los caballeros de este castillo de arte.

Fernando VII de España, Francisco de Goya, 1815

Cada uno de estos guardianes, ya sea pintor, rey, restaurador o vigilante, forma parte de la gran historia del Museo del Prado. Sus espíritus, reales o imaginarios, siguen habitando entre sus regias paredes, velando por un legado que hoy puedes disfrutar. Así que, cuando visites el Prado, recuerda que no estás solo: a tu lado, invisibles pero presentes, caminan todos estos personajes que, con dedicación y amor, han hecho de este museo un lugar mágico.

HISTORIAS DE REYES Y REINAS

El Museo del Prado es como un gran álbum familiar de la realeza española, donde cada pintura es una ventana a la vida de reyes y reinas, algunos tan poderosos como los dragones de los cuentos, y otros tan misteriosos que sus retratos esconden secretos que nadie ha logrado descifrar. Estos retratos no solo muestran caras elegantes y trajes llenos de joyas, también guardan los triunfos, los desafíos y los secretos de los monarcas que gobernaron España.

Uno de los primeros reyes que encontrarás en el Prado es **Carlos V**, conocido como el emperador más poderoso de su tiempo. Fue tan importante que su reino incluía partes de Europa, América, África y Asia. Su imperio era tan enorme que se decía que en él nunca se ponía el sol. En el Prado está retratado el emperador Carlos con su famosa armadura, sobre un caballo que parece salido de una leyenda. Este cuadro, pintado por Tiziano, muestra a Carlos V después de una gran batalla, con una mirada tan seria que parece decirte: "Yo soy el rey de España y el Emperador del Mundo, y aquí mando yo". Dicen que cuando la gente miraba este retrato en el siglo XVI, se sentía tan pequeña como si el soberano estuviera en persona frente a ellos.

Carlos V en la Batalla de Mühlberg,
Tiziano, 1548

Otro de los personajes más fascinantes es **Felipe IV**, el rey al que Velázquez pintó en repetidas ocasiones. Felipe IV amaba tanto el arte que invitó a los mejores pintores de su época a la corte, pero fue Velázquez quien se convirtió en su pintor de confianza. Dicen que Felipe IV tenía una personalidad reservada, pero que Velázquez logró capturar en sus retratos algo que nadie más veía: la vulnerabilidad y humanidad del rey. Hay un retrato en particular en el Prado donde Felipe IV aparece con una expresión seria, casi melancólica, como si estuviera cansado de ser rey. Quizás tenía en mente todos los problemas de su reino y, en un momento de descuido, Velázquez capturó esa emoción en el lienzo.

Pero no solo los reyes tienen su lugar en el Prado: las reinas también están presentes y cuentan sus propias historias. **Isabel de Valois**, una joven francesa que se casó con Felipe II, fue retratada en un hermoso cuadro que la muestra con un vestido de encaje blanco y una mirada profunda, casi soñadora. Dicen que Isabel tenía un carácter dulce y que amaba las artes y la moda, pero su vida fue breve y llena de tristeza. Muchos que miran su retrato sienten que ella los observa con nostalgia, como si recordara los días felices de su juventud.

Isabel de Valois,
Juan Pantoja
de la Cruz,
1605

Otro retrato impactante es el de Juana la Loca, una reina que pasó gran parte de su vida encerrada, separada de su gran amor, Felipe el Hermoso. Su historia es una de las más tristes y conmovedoras de la realeza española, y su retrato en el Prado refleja la intensidad de sus emociones. Cuenta la leyenda que, después de la muerte de su esposo, Juana llevó su ataúd por toda España, sin querer dejarlo jamás. Algunos dicen que, cuando se mira su retrato, es posible sentir su tristeza y su locura, una locura de amor. Al verla es como si su espíritu atrapado aún vagara en busca de su amor perdido.

Doña Juana la Loca,
Francisco Pradilla, 1877

Y, claro, no podemos olvidar a los pequeños príncipes y princesas, retratados en adorables pinturas donde, aunque a veces llevan ropa tan pomposa que apenas pueden moverse, sus miradas revelan travesura e inocencia. La **infanta Margarita**, hija de Felipe IV, es uno de los rostros más famosos del Prado gracias a *Las Meninas* de Velázquez. Su expresión es tan cautivadora que parece que ella misma se ha quedado en el cuadro, observando a quienes la miran y susurrando secretos de la corte española. Algunos dicen que los niños que la observan sienten una conexión especial con ella, como si la infanta tuviera la magia de entenderlos.

Estos retratos son mucho más que simples imágenes: son historias vivas, imágenes que han quedado inmortalizadas por obra del arte. Nos hablan de cómo era ser rey o reina en aquellos tiempos, de los sacrificios, de la responsabilidad y, a veces, de la soledad que acompañaba a los monarcas. En el Prado, cada rostro, cada vestido lujoso y cada mirada nos cuenta algo sobre la vida en palacio, como si los reyes y reinas hubieran dejado en sus retratos una parte de ellos para que pudiéramos entender sus vidas siglos después.

Así que, cuando pasees por las salas del Museo del Prado y te detengas frente a uno de estos majestuosos retratos, recuerda: estás frente a personajes que hicieron historia, y quizás, si prestas suficiente atención, lograrás captar alguno de los secretos que quisieron compartir contigo desde el pasado.

EL MISTERIO DE LAS MENINAS

Pocas obras en el mundo despiertan tanta curiosidad como *Las Meninas* de Velázquez. Este cuadro, gigantesco y enigmático, está lleno de detalles tan misteriosos que podrías pasar horas mirándolo y, aun así, siempre descubrirías algo nuevo. Es como un rompecabezas que Velázquez dejó en el Museo del Prado para que todos intentemos descifrarlo. Pero, ¿qué es lo que hace a *Las Meninas* tan especial? ¿Qué secretos guarda esta pintura que fascina tanto a grandes y chicos?

Para empezar, el cuadro muestra una escena cotidiana en la corte del rey Felipe IV. En el centro, la pequeña **infanta Margarita**, hija del rey, aparece rodeada por sus damas de compañía, conocidas como "meninas", mientras que Velázquez, el propio pintor, se muestra a sí mismo en el cuadro, sosteniendo sus pinceles y mirando hacia adelante, como si estuviera pintando justo en ese momento. Pero, si te fijas bien, hay algo extraño en su expresión, como si supiera un secreto que nadie más conoce.

Las Meninas
Diego Velázquez, 1656

El enigma comienza con esa mirada. ¿Qué estaba pintando Velázquez cuando hizo este cuadro? Algunos piensan que estaba pintando a los reyes, porque en el fondo de la escena se ve un espejo que refleja las figuras de Felipe IV y la reina Mariana de Austria, padres de Margarita. Pero aquí surge la pregunta: si los reyes están reflejados en el espejo,

¿están ellos en el lugar donde tú, como espectador, estás parado? ¿O quizás es solo una ilusión creada por Velázquez? Este juego de miradas, reflejos y perspectivas ha hecho que muchos crean que *Las Meninas* es algo más que un retrato: es una ventana a un misterio con muchas posibles interpretaciones.

Otro detalle fascinante es cómo Velázquez juega con la luz. En el cuadro, la luz cae suavemente sobre la infanta Margarita, iluminándola como si fuera la protagonista de una escena teatral. Pero también hay sombras y luces que parecen moverse, y es fácil imaginar que la escena podría cobrar vida en cualquier momento. Algunos incluso aseguran que han visto algo agitarse en *Las Meninas* cuando el museo está en penumbra, como si la infanta y sus damas ca-

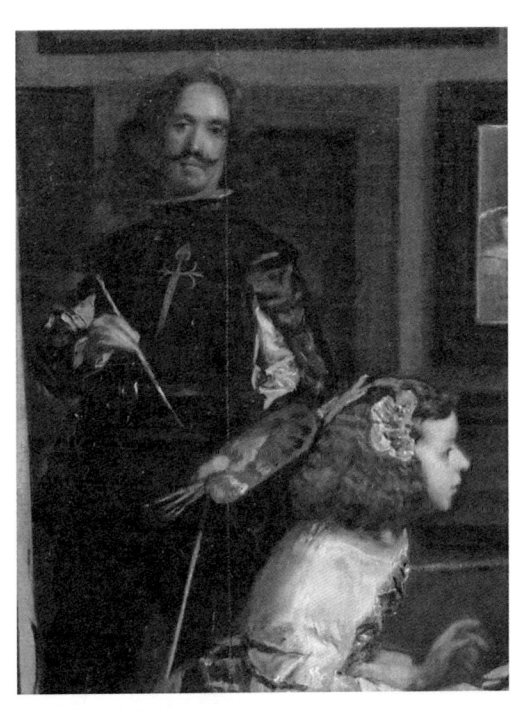

Detalle de *Las Meninas*.

27

minaran suavemente dentro del cuadro, continuando su vida de hace siglos.

Por si fuera poco, hay detalles ocultos en cada esquina del cuadro. Por ejemplo, en el fondo, a la derecha, aparece una puerta entreabierta, y en ella se asoma un hombre llamado **José Nieto**, que era el aposentador de la corte. Su figura es misteriosa, resulta casi como un fantasma que está a punto de entrar o salir de la escena, y nadie sabe exactamente qué está haciendo ahí. Algunos dicen que está observando el trabajo de Velázquez, mientras que otros creen que podría estar invitándote a entrar en el mundo de la pintura. Es como si él tuviera la llave para desvelar el secreto de la escena.

Y el propio Velázquez, ¿por qué se pintó a sí mismo en el cuadro? En aquella época, no era común que los pintores se incluyeran en sus obras, especialmente en una escena tan importante de la corte. Algunos piensan que Velázquez quería mostrar que él no era solo un pintor, sino también un testigo de la vida en el palacio, alguien que estaba tan cerca de la familia real que podía observar sus momentos privados. De hecho, en su pecho lleva una cruz de la Orden de Santiago, un honor que recibieron muy pocos y que muestra la importancia que tenía como artista.

La gran pregunta es: ¿hay algún mensaje escondido en *Las Meninas*? Algunos creen que Velázquez quiso desafiar las normas de su tiempo, mostrando que el arte y el poder estaban más conectados de lo que parecía. Otros piensan que, simplemente, quería que las personas del futuro nos sintiéramos parte de la corte al mirar su obra, como si pudiéramos viajar en el tiempo y ser espectadores en primera fila de un día cualquiera en la vida de la infanta Margarita.

Al final, *Las Meninas* sigue siendo un enigma. Cada persona que se detiene frente a este cuadro se convierte en parte de su historia, ya que Velázquez logra que te sientas como si estuvieras ahí, en la sala, mirando directamente al artista mientras él te devuelve la mirada y te invita a descubrir sus enigmas. Quizás

Detalle de *Las Meninas*.

29

esa sea la verdadera magia de *Las Meninas*: te hace sentir que formas parte de un secreto que nunca se revelará por completo. Y esa es la gran aventura que Velázquez nos dejó, una invitación a explorar y a imaginar. Porque, en el Prado, no todo es lo que parece, y *Las Meninas* es la prueba de que el arte puede ser un portal hacia el misterio.

MONSTRUOS, DRAGONES Y CRIATURAS FANTÁSTICAS

Pasearse por las salas del Museo del Prado es como entrar en un cuento de fantasía, lleno de criaturas asombrosas, algunas tan misteriosas y extrañas que bien podrían haber salido de un sueño. Entre los cuadros, escondidos en los rincones o entre sombras y paisajes, hay dragones, monstruos y seres mágicos que parecieran estar esperando a que los descubras. Estos personajes fueron creados por artistas que querían dar rienda suelta a su imaginación y, al mismo tiempo, dejar mensajes ocultos en cada pincelada.

Imagina que caminas por una de las galerías y, de repente, tus ojos se detienen en una criatura que parece un dragón. No es un dragón cualquiera, ¡es un dragón medieval, con escamas y una mirada feroz! En muchos cuadros de batallas y leyendas, los artistas añadieron criaturas como esta para simbolizar los miedos y las creencias de la época. Los dragones, por ejemplo, representan el mal y el peligro, y en las pinturas suelen aparecer siendo derrotados por caballeros o santos, como en las escenas de **San Jorge y el dragón**, donde el caballero derrota a la bestia en una lucha épica entre el bien y el mal. Al mirarlo, casi puedes oír el sonido de las espadas y sentir la tensión de la batalla.

San Jorge y el Dragón,
Pedro Pablo Rubens, 1606-1607

Pero no solo hay dragones. En otros cuadros, como los de **Hieronymus Bosch**, conocido en español como El Bosco, descubrirás monstruos tan raros que parecen salidos de otro planeta. Uno de sus cuadros más famosos, *El jardín de las delicias*, es un mundo en sí mismo, lleno de criaturas que parecen mágicas. Aquí puedes ver un pez con patas, un ave gigantesca que semeja un rey en su trono y seres con alas que vuelan en un paisaje que resulta tanto un sueño como una pesadilla. Algunos visitantes aseguran que mirar este cuadro de cerca es como entrar en un laberinto de fantasía y locura, donde cada criatura tiene una historia y un secreto que contar. Hay quienes han visto en este cuadro la puerta del paraíso y mensajes cifrados, porque da para mucho.

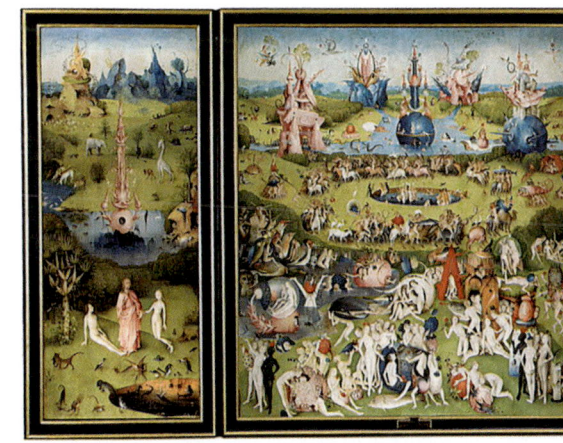

El jardín de las delicias
El Bosco, 1500-1505

Este personaje aterrador representa la lucha interna entre la razón y los instintos, y los artistas lo incluían para darle un toque de misterio a sus obras.

En el Museo del Prado, las figuras mágicas cobran vida entre pinceladas de luz y sombra, como si los ángeles y los demonios se hubiesen escondido en los pliegues de las historias sagradas y los mitos que decoran sus muros. Los ángeles, con su resplandor divino y alas majestuosas, aparecen en muchas obras como protectores celestiales, sus miradas llenas de paz guiando a los personajes hacia la redención o la claridad en momentos de incertidumbre. A menudo se les representa en posturas etéreas, con túnicas que parecen moverse al ritmo de una música celestial que el espectador apenas puede imaginar.

En contraposición, los demonios se deslizan desde las sombras con formas grotescas y miradas malévolas. Estas criaturas, deformadas por el simbolismo del pecado y el mal, parecen susurrar secretos oscuros a los protagonistas, recordándonos la

eterna batalla entre lo divino y lo profano. En los cuadros de grandes maestros como El Bosco, estas representaciones alcanzan una intensidad que roza lo onírico, convirtiendo cada detalle en un enigma que invita al espectador a buscar más allá de lo evidente.

Hércules y el Toro de Creta
Francisco de Zurbarán, 1634

Por otro lado, los retratos de la realeza esconden misterios fascinantes, como si los monarcas quisieran asegurarse de que su legado no solo quedara plasmado en la historia, sino también protegido por fuerzas invisibles. En sus ropajes y joyas, los pintores añadían detalles que parecían insignificantes, pero que tenían un significado profundo. Pequeños amuletos, talismanes y símbolos mágicos se camuflaban entre los adornos, testigos silenciosos de las creencias en lo sobrenatural.

Un ejemplo notable es el del emperador Carlos V, quien aparece en algunas representaciones sosteniendo la famosa Lanza de Longinos, una reliquia cargada de leyendas. Según la tradición, esta lanza poseía poderes sobrenaturales, y quien la portara sería invencible en batalla. En estas obras, los detalles no son meros adornos, sino una afirmación del poder divino y protector que la monarquía reclamaba para sí.

El Prado no solo alberga arte: contiene un universo de historias mágicas y símbolos ocultos que transforman cada visita en un viaje hacia lo desconocido, donde el bien y el mal, lo sagrado y lo humano, convergen en una danza eterna. Así, entre monstruos, dragones y criaturas fantásticas, el Museo del Prado se convierte en un lugar donde la magia y la realidad se mezclan, donde cada pintura esconde no solo la imaginación de su creador, sino también un pedazo de las creencias, los miedos y los sueños de la época. La próxima vez que visites el Prado, recuerda mirar más allá de lo evidente: fíjate en esos detalles ocultos, porque quizás encuentres un monstruo en la esquina de un cuadro o un dragón asomando sus escamas desde un paisaje lejano. Y entonces, habrás descubierto la magia que solo los aventureros como tú pueden encontrar.

EL PODER DE LOS COLORES

Imagina entrar en una sala del Museo del Prado y, de repente, te rodea un mundo de colores tan vibrantes y profundos que casi puedes sentirlos. Cada tono, cada sombra y cada pincelada tiene un propósito. Para los grandes pintores, los colores eran mucho más que simples decoraciones: eran un lenguaje secreto que solo los ojos atentos podían entender. Los artistas usaban los colores como magos sus hechizos, creando emociones, símbolos y mensajes ocultos que han sobrevivido durante siglos. Vamos a explorar este mundo de colores y descubrir el poder que escondían.

Uno de los primeros colores que llama la atención en las obras del Prado es el **rojo**, el color de la pasión, la guerra y el poder. Muchos reyes y nobles aparecen vestidos de rojo en sus retratos, un color que se asociaba con el poder absoluto. En un retrato de Carlos V, del que ya hemos hablado, el emperador lleva un manto rojo intenso, y su mirada es tan seria que parece que está a punto de hablarte sobre sus victorias. Pero el rojo también representa peligro, así que cuando veas este color en una escena de batalla o en las obras de

Goya, como *El dos de mayo*, puedes sentir la tensión de la violencia y el coraje en el aire, como si el rojo estuviera contando una historia de valentía y conflicto.

El dos de Mayo
Francisco de Goya, 1814

Después está el **azul**, un color que parece calmarlo todo y que, en el pasado, era tan valioso como el oro. El azul se obtenía de una piedra semipreciosa llamada lapislázuli, traída desde lugares tan lejanos como Afganistán. Debido a su rareza, solo se usaba en las partes más importantes de las pinturas. En el Prado, muchos cuadros de la Virgen María la muestran con un manto azul. Este color transmite paz, pureza y espiritualidad, y los artistas lo usaban para que

38

las personas, al mirar a la Virgen, sintieran una conexión con lo divino. Así que, cuando veas el azul en una pintura, piensa en él como un susurro de tranquilidad y respeto, un color que eleva lo que toca.

Virgen de la Inmaculada Concepción,
Esteban Murillo, 1678

El **verde**, por su parte, es el color de la naturaleza y la renovación, pero también de la esperanza. En los cuadros del Prado, muchas veces aparece en los paisajes que rodean a los personajes o en las prendas de los santos y mártires. Los pintores lo usaban para simbolizar vida, crecimiento y, a veces, hasta un poco de magia. Porque ¿quién no siente un toque de magia cuando ve un bosque o un prado verde y frondoso? En algunos cuadros, el verde también tiene un tono misterioso, como en las obras de El Bosco, donde los paisajes verdes parecen sacados de un sueño extraño, entre la vida y el delirio de la más fértil imaginación.

El color negro, en el arte del Museo del Prado, es mucho más que una simple elección cromática: es un vehículo cargado de simbolismo y emociones profundas, que cambia de significado dependiendo de las manos que lo plasmaron y del contexto que lo rodea. En los retratos reales, el negro emerge como un signo de poder absoluto, solemnidad y, en ocasiones, melancolía. Felipe II, por ejemplo, aparece vestido de negro en varias representaciones, su figura envuelta en un aura de majestad distante, casi etérea. Para la monarquía española del Siglo de Oro, el negro no solo era el epítome de la elegancia, sino también una afirmación de autoridad moral y terrenal. Este color, obtenido a través de tintes costosos, era un símbolo de riqueza, pero también de introspección y recogimiento, vinculado a la devoción religiosa y a la gravedad del deber regio.

Felipe II,
Sofonisba Anguissola, 1565

En contraste, cuando el negro aparece en las obras de **Goya**, especialmente en sus célebres *Pinturas negras*, deja atrás toda solemnidad para transformarse en el color de las pesadillas. En estos cuadros, el negro envuelve las escenas con un manto de desolación y misterio, como si quisiera atrapar al espectador en un mundo de sombras y angustia. Obras como *Saturno devorando a su hijo* o *El aquelarre* utilizan el negro para expresar la insondable profundidad del miedo y la locura. Aquí, el negro no es elegancia ni autoridad: es abismo, incertidumbre y la proyección de un espíritu atormentado por lo desconocido.

Aquelarre,
Francisco de Goya, 1797-1798

Y no solo en Goya encontramos este uso del negro como vehículo de lo inquietante. En el retrato *El caballero de la mano en el pecho,* de **El Greco**, el negro de la vestimenta del caballero contrasta con la luminosidad de su rostro y su mirada penetrante. Este contraste añade un aire de misticismo y solemnidad al personaje, convirtiéndolo en una figura casi espectral. La mano derecha, posada sobre el pecho, parece señalar un juramento o una verdad oculta, mientras su atuendo oscuro lo envuelve como si perteneciera más al mundo de las ideas que al de los hombres.

El caballero de la mano en el pecho,
El Greco, 1850

En otros rincones del Prado, como en las obras de **Velázquez**, el negro toma formas más terrenales, pero igualmente impactantes. Sus retratos de bufones y enanos, como *El bufón don Diego de Acedo, el Primo*, presentan vestimentas oscuras que contrastan con sus expresiones humanas y sus

El bufón El Primo,
Diego Velázquez, 1645

roles marginales en la corte. Aquí, el negro sugiere un dualismo: la oscuridad de su condición social frente a la luz de su individualidad, que Velázquez logra transmitir con una empatía casi revolucionaria.

El negro en el arte del Prado es, pues, una paradoja constante: puede ser la sombra protectora de la autoridad, el manto de lo desconocido o la encarnación de los terrores más profundos de la mente humana. Es un color que, en su aparente sencillez, refleja las complejidades y contradicciones de quienes lo eligieron para contar sus historias, desde los monarcas más poderosos hasta los artistas más visionarios. En cada trazo y en cada sombra, el negro nos invita a mirar más allá de lo evidente, a descubrir lo que se esconde en los márgenes del lienzo y en los rincones más oscuros del alma.

La Anunciación,
Fra Angélico, 1425-1428

Finalmente, está el **dorado**, un color que siempre ha representado riqueza y eternidad. En el Prado, encontrarás que muchas pinturas de santos y figuras religiosas tienen halos dorados, una manera de mostrar que esas figuras eran sagradas, como si la luz divina las envolviera. El dorado es un color que capta la atención, y los artistas lo usaban para que sus cuadros parecieran brillar, incluso en la penumbra de las iglesias donde muchas veces se exhibían. Cuando ves el dorado en el Prado, es como si un rayo de luz antigua se hubiera quedado atrapado en la pintura, iluminando la escena por siempre.

El dorado, en las obras del Museo del Prado, no solo es un símbolo de riqueza, sino un portal hacia lo trascendental, un destello que une lo terrenal con lo divino. Desde los halos que coronan a santos y figuras religiosas hasta los ricos detalles en vestimentas y objetos, el dorado actúa como un faro de significado, guiando al espectador hacia lo eterno e incorruptible. En las obras religiosas, los halos dorados que rodean las cabezas de santos, vírgenes y ángeles no son meros adornos, sino una representación visual de la santidad y la conexión directa con lo celestial. En piezas como *La Anunciación* de Fra Angélico o *La Trinidad* de El Greco, el dorado se convierte en el vehículo de la luz divina, una radiación que envuelve a las figuras y las separa del mundo material. Este uso simboliza la pureza y la eternidad, elevando la escena a una dimensión espiritual que trasciende el tiempo.

En los retratos reales, como los de los Austrias y los Borbones, el dorado aparece en coronas, joyas y bordados de las vestimentas, destacando el poder y la gloria de los monarcas. Detalles como los brocados dorados en el traje de *Isabel la Católica* o los relucientes

La Trinidad,
El Greco, 1577-1579

bordados en los cuadros de Felipe IV por Velázquez reflejan no solo el lujo de la corte, sino también la intención de presentar a los monarcas como elegidos por Dios, con una autoridad que se extendía más allá de lo humano. El dorado, aquí, no solo adorna: consagra.

En las obras mitológicas, el dorado se utiliza de manera diferente, como un reflejo de la magnificencia de los dioses y los héroes. En cuadros como *El carro de Apolo* de Rubens o *El rapto de Europa* de Tiziano, el dorado irradia en los cielos, los rayos del sol o las armaduras, sugiriendo la fuerza, la vitalidad y la grandeza de los mitos que dieron forma a la cultura occidental. Es un dorado vibrante, que no solo simboliza poder, sino también la exaltación de la belleza y el heroísmo.

47

Quizás uno de los usos más cautivadores del dorado en el Prado sea su capacidad para iluminar incluso en la penumbra. Muchos de estos cuadros fueron concebidos para iglesias y palacios con luz tenue, donde los brillos dorados captaban los rayos de luz y hacían que las imágenes parecieran cobrar vida. En *La Adoración de los Pastores* de El Greco, por

Isabel la Católica,
Luis de Madrazo y Kuntz, 1848

ejemplo, el dorado resplandece en el pesebre y en los reflejos de las túnicas, creando una atmósfera que parece encenderse con el milagro que representa.

El dorado en el Prado es un color cargado de intención y simbolismo, una herramienta que los artistas utilizaron para conferir a sus obras un sentido de eternidad y divinidad. Cuando lo contemplas, es como si los siglos desaparecieran, y ese rayo de luz atrapado en la pintura iluminara no solo la escena, sino también al espectador, recordándole que detrás de cada obra hay una búsqueda por capturar lo inalcanzable.

El carro de Faetón,
Jan Carel van Eyck, 1636-1638

49

La adoración de los Pastores,
El Greco, 1612-1614

Así, los colores en el Prado son mucho más que simples pinceladas: son puertas a emociones, símbolos y secretos que los pintores quisieron dejar para que nosotros los descubriéramos. La próxima vez que observes una pintura, intenta imaginar lo que el artista quería que sintieras al ver esos colores. Porque en el Prado, el rojo no es solo rojo, el azul no es solo azul, y cada color guarda un mensaje secreto esperando a que tú lo descifres.

LOS SUSURROS DE LAS PINTURAS

Dicen que, cuando la noche envuelve al **Museo del Prado** y sus salas caen en la penumbra, algo extraordinario sucede. En ese instante en que el silencio reina y no hay ojos curiosos que escudriñen sus lienzos, algunos aseguran que las pinturas parecen despertar de su letargo secular. Susurros apenas audibles recorren los pasillos, como ecos de secretos olvidados, como voces atrapadas en el tiempo. Y quienes han escuchado estas historias —vigilantes, restauradores, e incluso algún visitante valiente— se preguntan: ¿acaso los personajes del Prado cobran vida cuando no hay nadie que los contemple?

Imagina estar en el Prado en plena oscuridad, frente al imponente retrato de **Felipe IV**, obra de **Velázquez**. El rostro solemne del monarca, tan rígido y majestuoso durante el día, parece haberse relajado en la intimidad de la noche. Algunos vigilantes han jurado ver el leve movimiento de sus labios, como si el rey estuviera contando confidencias de la corte, secretos de intrigas y conspiraciones que nunca llegaron a los libros de historia. Hay quienes afirman que una sombra, tenue y escurridiza, cruza ocasionalmente la sala. ¿Será el propio Felipe, cansado de su eterna postura, estirándose tras siglos de inmovilidad?

Felipe IV (fragmento),
Diego Velázquez, 1623

En la **sala de Goya**, sin embargo, los susurros adquieren un tono inquietante. Las *Pinturas negras* parecen retener el eco de las pesadillas del maestro. Sus figuras deformes y sus rostros angustiados se tornan aún más vivos en la oscuridad, como si el pintor les hubiera otorgado una chispa de vida que solo se manifiesta cuando la luz se apaga. Algunos vigilantes cuentan haber escuchado risas suaves pero escalofriantes provenientes de cuadros como *Saturno devorando a su hijo*, como si los personajes oscuros de Goya disfrutaran de un juego macabro, burlándose de quienes se atreven a quedarse demasiado tiempo en su presencia.

Pero si hay una obra que destila misterio en cada pincelada, esa es *Las Meninas*. En la quietud de la noche, el cuadro parece transformarse, como si la infanta Margarita y sus damas de compañía cobraran vida. Hay quienes aseguran que la pequeña infanta, con su mirada fija y sus ropajes fastuosos, a veces voltea la cabeza, observando directamente al intruso que ose permanecer demasiado tiempo frente al lienzo. ¿Y Velázquez? Quizás él también desciende del cuadro, ajustándose la capa, contemplando su obra con esa mirada irónica y satisfecha que parece decir: "¿Creías que todo estaba resuelto? Aquí sigo, desafiando tu percepción".

En las salas dedicadas a las batallas, el silencio nocturno parece romperse con ecos de cascos de caballos y el choque metálico de espadas. Cuadros como *La rendición de Breda* parecen revivir sus escenas épicas, y los soldados atrapados en el lienzo vuelven a sus gestas, como si el tiempo no pudiera contener su fervor. Es fácil imaginar cómo los susurros de las voces de mando y los relinchos de los caballos se mezclan con el eco de las salas vacías, creando un ambiente donde lo real y lo fantástico se funden.

La rendición de Breda,
Diego Velázquez, 1635

Y luego están los retratos reales, con sus miradas severas y autoritarias. Durante el día, parecen observar con altivez a quienes los contemplan, pero por la noche, esas miradas parecen volverse más intensas, casi vigilantes. ¿Acaso los antiguos monarcas, acostumbrados a gobernar y ser el centro de atención, encuentran intolerable la soledad de las noches en el museo? Algunos han contado que sienten cómo los ojos de las figuras les siguen, y que un ligero escalofrío les recorre la espalda, como si la pintura misma respirara.

Así, las figuras del Prado nos hacen preguntarnos: ¿son solo cuentos para despertar la imaginación o una realidad que desafía nuestra lógica? Nadie lo sabe con certeza. Lo único indudable es que el Prado, con su atmósfera cargada de historia y arte, parece ser un lugar donde lo inmortal y lo efímero se encuentran, donde las pinturas, lejos de ser estáticas, parecen latir con un alma propia, esperando pacientemente el momento perfecto para recordarnos que ellas también tienen algo que decir.

Tal vez, la próxima vez que visites el Prado, y observes una pintura más detenidamente, podrías notar algo extraño: un gesto, un susurro, un destello que te haga pensar que, después de todo, esos personajes atrapados en los lienzos nunca han dejado de estar vivos.

LOS ENIGMAS DE GOYA

Francisco de Goya, el gran maestro de la pintura española del siglo XIX, es uno de esos artistas que parece haber dejado un pedazo de su alma en cada pincelada. Si hay algo que distingue a Goya es el misterio y la oscuridad que envuelven muchas de sus obras, como si quisiera mostrarnos los rincones más ocultos de la mente humana, esos lugares a los que casi nadie se atreve a mirar. Sus cuadros, especialmente las *Pinturas negras*, son tan enigmáticos que aún hoy sorprenden a los expertos, quienes intentan descifrar los secretos que Goya dejó escondidos.

Goya empezó como un pintor de la corte, creando retratos para la familia real y escenas de la vida cotidiana. Sin embargo, en sus últimos años, su estilo cambió drásticamente. Aislado y enfermo, se trasladó a una casa en las afueras de Madrid conocida como **La Quinta del Sordo**, donde comenzó a pintar directamente en las paredes de su hogar. Estas pinturas, que más tarde serían trasladadas al Museo del Prado, son tan oscuras y extrañas que parecen sacadas de una pesadilla. Aquí no hay reyes ni princesas: en su lugar, encontramos figuras sombrías, miradas vacías y escenas que parecen brotar de los miedos más profundos del artista.

Saturno devorando a su hijo,
Francisco de Goya, 1820-1823

Entre estas *Pinturas negras*, una de las más impactantes es *Saturno devorando a su hijo*. En este cuadro, Goya representa al dios mitológico Saturno en el acto de devorar a su propio hijo, con una expresión aterradora y casi desquiciada. La leyenda cuenta que Saturno, temeroso de que uno de sus hijos lo destronara, decidió comérselos uno a uno cuando nacían. Goya pinta esta escena con una brutalidad tan cruda que, al observarla, casi podemos sentir la desesperación y el dolor de Saturno. ¿Qué mensaje escondió Goya aquí? Algunos creen que quiso reflejar su desconfianza hacia la sociedad de su época, una sociedad que parecía devorar a sus propios hijos en guerras y conflictos. Otros piensan que Saturno representa el paso del tiempo, que devora todo lo que alguna vez fue bello o querido.

Otra obra llena de misterio es *Aquelarre*, donde Goya representa una reunión de brujas alrededor de una figura diabólica, con rostros que parecen estar a punto de saltar del cuadro. La escena muestra mujeres en actitudes extrañas y grotescas, con expresiones de éxtasis o terror. Algunos expertos creen que Goya intentaba criticar la superstición y el miedo irracional que aún reinaban en la sociedad. Este cuadro, como muchas de las obras de Goya, muestra cómo el artista no tenía miedo de enfrentar temas tabúes, explorando lo desconocido y lo sobrenatural con una valentía que pocos han tenido.

Duelo a garrotazos,
Francisco de Goya, 1820-1823

Entre las figuras extrañas de sus pinturas, también encontramos *Duelo a garrotazos*, una escena donde dos hombres se enfrentan brutalmente con palos, enterrados hasta las rodillas en el barro, como si estuvieran atrapados en un duelo eterno. Sus miradas de odio y su postura violenta hacen pensar en una pelea sin final, una lucha que parece simbolizar la confrontación absurda entre las personas, tal vez incluso entre los propios españoles, que en aquella época vivían en tiempos de guerra y conflictos internos. Este cuadro es un enigma, un espejo que muestra la violencia y la terquedad humanas, atrapadas en un ciclo sin fin.

Goya no se limitó a pintar figuras humanas; también exploró el miedo al futuro y lo desconocido en sus **grabados de** *Los Caprichos* y *Los Desastres de la*

59

Capricho 43,
Francisco de Goya, 1799

Guerra. Aquí vemos escenas que critican la corrupción, la ignorancia y la crueldad. Goya utiliza el simbolismo de monstruos y sombras para representar el lado oscuro de la humanidad. En *El sueño de la razón produce monstruos*, uno de sus grabados más famosos, muestra a un hombre dormido rodeado de criaturas horribles, como si esos monstruos hubieran salido directamente de sus pensamientos. Con esta obra, Goya parece decirnos que, cuando la razón se apaga, los miedos y las supersticiones toman el control, convirtiendo el mundo en un lugar peligroso y oscuro.

El Prado alberga estas obras y muchas otras que muestran el genio de Goya, un talento que no tenía miedo de explorar sus propios miedos y pesadillas.

Pero, ¿por qué pintó Goya de forma tan oscura en sus últimos años? Algunos creen que fue a causa de su enfermedad, que lo dejó sordo y aislado del mundo. Otros piensan que Goya había visto demasiada violencia y sufrimiento durante las guerras de su tiempo y que sus obras eran una forma de expresar ese dolor acumulado.

Los desastres de la guerra No. 5,
Francisco de Goya, 1810-1815

Al final, los enigmas de Goya siguen siendo eso: enigmas, misterios. Cada vez que miramos sus cuadros, podemos sentir el peso de sus emociones y la profundidad de sus pensamientos, pero los secretos completos de su obra solo los conoce él. A nosotros nos queda la oportunidad de observar y dejar que estos cuadros nos hablen, susurrándonos desde el pasado, para que imaginemos las historias ocultas que el gran Goya quiso que solo los más valientes intentaran descifrar.

AVENTURAS EN EL JARDÍN BOTÁNICO

Justo al lado del Museo del Prado, como un amigo silencioso y verde, se encuentra el Real Jardín Botánico de Madrid. Este lugar no es solo un conjunto de árboles y flores, es un rincón lleno de historia, secretos y maravillas naturales que ha compartido una conexión especial con el museo durante siglos. Pasear por el Jardín Botánico es como adentrarse en otro mundo, donde la naturaleza y el arte parecen susurrarse historias al oído. Es un lugar perfecto para vivir aventuras y descubrir misterios escondidos entre plantas exóticas y árboles centenarios.

Este jardín fue creado por el rey **Carlos III** en 1755, mucho antes de que existiera el Museo del Prado. Al rey le encantaba la ciencia y quería crear un espacio donde los exploradores y botánicos pudieran estudiar las plantas traídas de todas partes del mundo. Imagínate eso: cada planta que ves en el jardín tiene su propio viaje, como una historia de aventuras que comenzó en lugares lejanos y terminó en Madrid. En aquella época, se enviaban expediciones a

América, Asia y África en busca de especies extrañas y raras que hoy podemos ver en el jardín, y, si cierras los ojos, casi puedes imaginar a esos botánicos caminando entre las plantas, explorando cada rincón en busca de nuevos descubrimientos.

Una de las mejores cosas del Jardín Botánico es que no solo es un espacio lleno de naturaleza, sino también un lugar lleno de curiosidades. Por ejemplo, hay un árbol llamado **Ginkgo biloba** que se considera un fósil viviente, ya que existía en la época de los dinosaurios. Los científicos dicen que sus hojas tienen la misma forma desde hace más de 200 millones de años. Imagínate, este árbol es tan antiguo que es como una conexión directa con el pasado, un recuerdo de un mundo que ya no existe. Cuando caminas bajo sus ramas, es como si te transportaras a otro tiempo, a una época en la que la naturaleza dominaba el mundo.

El Jardín Botánico y el Museo del Prado han tenido una relación especial a lo largo de los años. Muchos de los pintores cuyas obras están en el museo, como **Velázquez** o **Goya**, se inspiraban en la naturaleza y sus formas, en los colores de las flores y las texturas de las hojas. En el siglo XVIII, cuando se fundó el jardín, los artistas iban allí a observar las plantas y estudiar los detalles de cada pétalo, cada tallo, para luego plasmarlos en sus obras. De hecho, en algunas pinturas del Prado puedes encontrar flores y árboles que aún crecen en el jardín, como si las obras y el jardín compartieran un secreto eterno. Si visitas el Prado y luego paseas por el jardín, podrás intentar reconocer estas especies, como una búsqueda del tesoro natural.

Pero el Jardín Botánico no solo es un refugio para las plantas, sino también para criaturas que se ocultan entre sus hojas. Muchos pájaros, mariposas y pequeños insectos viven ahí, y algunos visitantes aseguran haber visto ardillas saltando entre los árboles o ranas escondiéndose en los estanques. Estos pequeños habitantes hacen que el jardín esté siempre lleno de vida, como si fuera una pintura en constante movimiento, una obra de arte viva que nunca deja de cambiar.

Además, el jardín tiene rincones especiales llenos de misterio, como el **Invernadero**, donde se cultivan plantas exóticas que necesitan un clima especial para sobrevivir. Aquí, entre hojas gigantes y flores de colores intensos, podrías imaginar que estás en la selva amazónica, rodeado de plantas que parecen sacadas de una historia fantástica. Algunas de estas plantas tienen propiedades curativas y han sido utilizadas durante siglos por diferentes culturas para crear medicinas, algo que fascinaba a los botánicos de épocas pasadas y sigue siendo un misterio para muchos.

En primavera, el jardín se llena de colores y aromas, y es uno de los momentos más mágicos para visitarlo. Los cerezos florecen, cubriendo el suelo con un manto de pétalos rosados, mientras que los tulipanes y los narcisos llenan los parterres de colores vivos, creando un espectáculo digno de una pintura. En otoño, las hojas se tiñen de tonos rojos, naranjas y dorados, transformando el jardín en un lugar cálido y acogedor, como si estuviera contando la historia de cada estación a través de sus colores.

Así, el Real Jardín Botánico es mucho más que un simple jardín: es un lugar lleno de historias, de especies exóticas y de secretos naturales que parecen haber sido traídos directamente de una aventura. La próxima vez que visites el Museo del Prado, no olvides cruzar a este rincón verde y explorar sus senderos. Quizás encuentres alguna planta rara que tenga siglos de historia, o descubras un rincón oculto que te haga sentir como un explorador en un mundo fantástico. Porque, en el Prado y el Jardín Botánico, la naturaleza y el arte se encuentran para recordarnos que el mundo está lleno de magia, solo hay que detenerse y observar.

EXPLORADORES DE LA HISTORIA

Entrar al Museo del Prado es mucho más que cruzar el umbral de un edificio: es embarcarse en una travesía a través del tiempo y el espacio, donde cada obra es una puerta a un pasado lleno de aventuras, misterios y culturas lejanas. En sus galerías no solo encontramos arte, sino crónicas visuales que capturan el esplendor de civilizaciones desaparecidas, las gestas de héroes míticos y los ecos de tierras distantes que encendieron la imaginación de quienes soñaron con descubrir lo desconocido.

En las majestuosas salas del Prado, los retratos de monarcas y guerreros parecen cobrar vida, revelando los episodios que forjaron imperios. Uno de los cuadros más emblemáticos es el *Retrato ecuestre de Carlos V en Mühlberg*, pintado por Tiziano. Este óleo inmortaliza al emperador en su apogeo, montado sobre su caballo y portando una armadura que refleja la luz, como si el brillo de su victoria aún resonara. La pintura conmemora su triunfo en la Batalla de Mühlberg (1547), una victoria que consolidó su autoridad en el Sacro Imperio Romano Germánico. Al observar este cuadro, es fácil imaginar el estruendo de la batalla, el relincho de los caballos y el eco de los estandartes ondeando bajo el cielo europeo.

A su lado, los retratos de figuras como Felipe II y Felipe IV, pintados por maestros como Sánchez Coello y Velázquez, nos transportan a una época de exploraciones y conquistas, cuando el Imperio Español se extendía por continentes lejanos. Sus vestimentas oscuras y los detalles simbólicos que los rodean nos recuerdan que estas no son solo imágenes de monarcas, sino representaciones de un poder que abarcaba océanos y continentes.

En otras salas, los mitos de la Antigüedad cobran vida a través de las pinceladas de artistas como Rubens, Tiziano y Zurbarán. Obras como *El rapto de Europa* de Tiziano o *Las tres gracias* de Rubens nos sumergen en el mundo de los dioses y héroes griegos y romanos. Cada pintura es una escena vibrante que narra las hazañas de figuras como Hércules, enfrentándose al león de Nemea, o de Venus, irradiando amor y belleza divina.

El Prado también alberga obras de temas mitológicos que revelan el lado humano de los dioses. *Apolo en la Fragua de Vulcano* de Velázquez, por ejemplo, captura el momento en que Apolo revela una traición en el Olimpo, mostrando a los dioses como seres con emociones y conflictos tan complejos como los nuestros. Estas obras nos invitan a explorar los valores y creencias de culturas antiguas que han dejado su huella en la historia del arte y el pensamiento occidental.

El rapto de Europa,
Tiziano, 1560-1562

En las pinturas del Prado también resuena la fascinación por las tierras exóticas de Oriente. Escenas como las de *El sueño del caballero* de Rafael o los retratos de la *Embajada Keichō,* que inmortalizan la visita de los embajadores japoneses a España en el siglo XVII, reflejan cómo las culturas de Asia capturaron la imaginación de Europa. Los embajadores, con sus ropajes tradicionales y espadas japonesas, llegaron a la corte española después de un viaje épico que cruzó océanos y continentes. Sus retratos no solo son testimonios de aquel encuentro histórico, sino también de la curiosidad y el asombro que esos visitantes despertaron en los europeos de la época.

La fragua de Vulcano,
Diego Velázquez, 1630

Por otro lado, las pinturas de reyes y nobles españoles muestran influencias de Oriente, especialmente en los textiles y decoraciones que evocan las sedas, tapices y especias traídas de la Ruta de la Seda. Obras como *El Jardín de la Delicias* de El Bosco incluso incorporan detalles fantásticos que reflejan la fascinación

70

por lo desconocido y lo exótico, mezclando lo terrenal con lo imaginario.

Las escenas bíblicas y las referencias a Egipto y Mesopotamia son otra ventana a los mundos antiguos. En obras como *La adoración de los Magos* de Rubens, los colores brillantes y los detalles orientales en los trajes de los magos nos transportan al desierto y a las ciudades de Oriente Medio. Pinturas como *El tránsito de la Virgen* de Andrea Mantegna evocan la solemnidad de los ritos antiguos, mientras que otras, como *La entrega de las llaves a San Pedro* de Perugino, nos conectan con los orígenes del cristianismo.

La adoración de los Reyes Magos,
Pedro Pablo Rubens, 1609

71

Las referencias a Egipto y Mesopotamia, aunque más sutiles, se insinúan en los temas y composiciones de ciertos cuadros que muestran columnas, obeliscos y paisajes desérticos, recordándonos la influencia de estas civilizaciones en el imaginario europeo. Estos elementos no solo reflejan el interés artístico, sino también el deseo de conectar la Europa moderna con las raíces de la humanidad.

Cada pintura del Prado es un portal, una invitación a viajar por los siglos y descubrir historias que, aunque pertenecen a otros tiempos y lugares, siguen resonando en nosotros. Desde las victorias imperiales hasta las hazañas de héroes míticos, desde la fascinación por Oriente hasta la espiritualidad de las tierras bíblicas, el Prado nos transforma en exploradores de la historia, navegantes de un tiempo que, gracias al arte, nunca se ha perdido del todo.

La próxima vez que te encuentres frente a estas obras, deja que tu imaginación se pierda en los detalles: en la mirada de un monarca, en el vuelo de un ángel o en el brillo de una armadura. Descubrirás que cada cuadro no solo cuenta una historia, sino que también te invita a ser parte de ella, convirtiéndote en un viajero más en la vasta narrativa que es el Museo del Prado.

LA MAGIA DE LOS RESTAURADORES

Cuando pensamos en los grandes cuadros del Museo del Prado, solemos imaginarnos a los artistas que los pintaron: Velázquez, Goya, El Bosco y muchos más. Sin embargo, hay otros héroes en esta historia que casi nunca se ven, pero que son esenciales para que esas obras sigan vivas y maravillándonos. Son los **restauradores**, unos verdaderos magos que dedican su vida a cuidar los cuadros, descubrir secretos escondidos y rescatar detalles que el paso del tiempo ha tratado de borrar.

Ser restaurador es como ser detective y médico al mismo tiempo. Imagina tener que estudiar cada pintura como si fuera un misterio que se debe resolver: desde las primeras pinceladas hasta la última capa de barniz, todo es importante. Los restauradores pasan horas, días y a veces incluso meses, examinando los cuadros con lentes especiales, microscopios y herramientas que parecen sacadas de una película de ciencia ficción. ¿Y por qué tanto cuidado? Porque, a veces, debajo de una capa de pintura oscurecida por los años, pueden encontrarse detalles que el artista original dejó y que nadie ha visto en siglos.

Uno de los primeros pasos en el trabajo de un restaurador es **limpiar la obra**. Con el tiempo, los cuadros acumulan polvo, humo, grasa y muchas otras cosas que hacen que los colores se apaguen. La limpieza es un proceso delicadísimo, ya que un movimiento en falso podría dañar una obra de arte irremplazable. Usando pinceles finos, hisopos y líquidos especiales, los restauradores limpian cada centímetro del cuadro. Este proceso es tan preciso que podría parecer que están acariciando la pintura. Y el resultado es casi mágico: los colores vuelven a brillar, los detalles se hacen visibles y el cuadro parece recuperar su vida original, como si el tiempo retrocediera para dejarlo tal y como el pintor lo creó.

Sin embargo, el trabajo de los restauradores no se queda solo en la superficie. A veces, utilizan **técnicas de radiografía y rayos ultravioleta** para observar lo que hay debajo de la capa visible. ¿Y qué encuentran? Pues secretos que ni el propio museo sabía que estaban ahí. Hay cuadros en el Prado que, al ser examinados, han revelado bocetos ocultos, figuras que el artista decidió cambiar en el último momento o incluso mensajes ocultos que solo se pueden ver con ciertas luces. Es como descubrir una segunda pintura escondida dentro de la primera. De hecho, se sabe que algunos artistas, como Goya, reutilizaban lienzos antiguos para pintar sobre ellos, dejando bajo la superficie rostros y escenas que nunca fueron destinados a ser vistos. ¡Todo un misterio digno de una novela!

Un ejemplo fascinante de este trabajo es el cuadro de *Las Tres Gracias*, de Rubens. Durante su restauración, los expertos descubrieron que los colores originales eran mucho más vivos de lo que se pensaba y que algunos detalles estaban cubiertos por siglos de suciedad. Tras la restauración, las figuras de las Gracias brillaron con una luminosidad que nadie había visto en mucho tiempo, como si el propio Rubens hubiera vuelto a darles vida con sus pinceles.

Otro caso increíble es el de *El jardín de las delicias*, de El Bosco. Este cuadro es tan complejo y lleno de detalles que, durante su restauración, los expertos descubrieron pequeñas criaturas y símbolos que habían pasado desapercibidos durante siglos. ¿Cómo lo hicieron? Gracias a su paciencia y a su increíble habilidad para observar lo que casi nadie puede ver. Al limpiar la pintura y analizarla capa por capa, lograron que el cuadro mostrara detalles que parecían secretos perdidos en el tiempo, como si El Bosco hubiera dejado pistas para los aventureros del arte que, siglos después, se animaran a explorarlo.

Pero los restauradores no solo trabajan con pinturas. También se encargan de restaurar **esculturas y muebles antiguos**, objetos que han sido testigos de innumerables historias y que merecen recuperar su esplendor original. Imagina una antigua silla real que ha sido usada durante generaciones de reyes. Con el paso del tiempo, el barniz se ha desgastado y la tela ha perdido color. Los restauradores pueden devolverle su belleza sin quitarle ese aire de antigüedad, conservando sus detalles y su historia. Cada pieza que restauran es como una pequeña cápsula del tiempo que vuelve a contar su historia en el presente.

Las tres Gracias,
Pedro Pablo Rubens, 1793

Al final, el trabajo de los restauradores es devolvernos el arte tal y como era, rescatar del olvido cada pincelada, cada trazo y cada color. Son los héroes invisibles que mantienen vivas las obras y nos permiten disfrutar del Prado como si estuviéramos frente a los cuadros justo después de que fueran terminados. Así que, la próxima vez que visites el Museo del Prado, recuerda que detrás de cada pintura y cada detalle hay una historia de paciencia, habilidad y amor por el arte. Porque gracias a la magia de los restauradores, esos cuadros y esculturas seguirán contándonos sus secretos durante muchos siglos más.

PISTAS PARA LOS DETECTIVES DEL ARTE

Te has imaginado alguna vez siendo un detective? Pues en el Museo del Prado puedes convertirte en uno de verdad, buscando detalles escondidos, símbolos secretos y pequeñas historias que los pintores dejaron en sus obras hace siglos. A lo largo de sus salas, hay pistas en cada esquina, como un gigantesco juego de misterio esperando a ser descubierto. Si tienes ojos de águila y un poco de paciencia, puedes encontrar cosas sorprendentes. ¡Vamos a descubrir algunos de estos secretos y ver si te animas a resolverlos!

Para comenzar tu aventura de detective, acércate a *Las Meninas* de Velázquez. Este cuadro es un verdadero rompecabezas, lleno de personajes y detalles misteriosos. Tu misión aquí es encontrar al rey y a la reina. No, no están en el centro ni en primer plano. Si miras bien, los verás reflejados en el espejo del fondo, como si estuvieran fuera del cuadro, en el mismo lugar donde tú estás parado. ¿Qué crees que quiso decir Velázquez con este detalle? ¿Están los reyes mirándote a ti, o acaso el pintor te invita a que tú también formes parte de la corte?

Otra pista curiosa se encuentra en el cuadro de *El jardín de las delicias,* de El Bosco, un cuadro lleno de criaturas extrañas y situaciones que parecen sacadas de un sueño. Tu misión aquí es buscar los animales extraños. ¿Puedes encontrar un pez con patas? ¿O a una criatura mitad pájaro y mitad humano? El Bosco era un maestro en llenar sus obras de pequeños detalles, y muchos de ellos aún dejan a los expertos rascándose la cabeza. Se dice que cada figura representa un mensaje sobre los deseos y los peligros del mundo, pero es tu tarea como detective descubrir qué significa cada uno.

El jardín de las delicias (fragmento)
El Bosco, 1500-1505

79

Vamos ahora a un cuadro lleno de movimiento: *El dos de mayo* de Goya. En esta pintura, Goya muestra una escena de guerra y caos, pero hay un personaje muy curioso. Observa de cerca a los soldados y a los caballos. Uno de los caballos tiene una expresión tan intensa, con los ojos abiertos y la boca abierta, que casi parece tan asustado como las personas. ¿Por qué crees que Goya pintó al caballo de esa forma? A través de este detalle, el pintor quería que sintiéramos el miedo y la tensión de la escena, no solo en las personas, sino en todo lo que las rodea. ¿Puedes imaginar el ruido, los gritos y el sonido de los cascos en ese momento?

El dos de Mayo (detalle)
Francisco de Goya, 1814

80

Saturno devorando a su hijo, (detalle)
Francisco de Goya, 1820-1823

Si prefieres algo más tranquilo, busca el cuadro *Las Tres Gracias* de Rubens. Las Gracias, según la mitología, eran las diosas de la belleza, la naturaleza y el encanto, y están representadas en muchas pinturas del Prado. Pero Rubens agregó algo especial: un detalle que casi parece fuera de lugar. Mira los reflejos en sus pieles y fíjate en las pequeñas joyas que llevan. Ahora bien, aquí viene el desafío: en una de las Gracias hay una pequeña pulsera casi oculta, tan delicada que solo los ojos más atentos la encuentran. ¿Por qué crees que Rubens incluyó una joya tan pequeña? ¿Quiso darle un toque de realismo o acaso un pequeño toque de lujo que resaltara su belleza?

Y si quieres encontrar algo realmente peculiar, busca el cuadro *Saturno devorando a su hijo* de Goya, una de sus Pinturas Negras. Aquí, tu misión es observar la expresión de Saturno. A primera vista, puede parecer solo terrorífico, pero si te detienes y miras bien, verás que su mirada expresa no solo furia, sino también desesperación. Goya era un maestro en capturar emociones complejas. En este cuadro, intenta descifrar la mezcla de sentimientos: ¿está Saturno devorando a su hijo por puro mal, o porque está atrapado en un destino del que no puede escapar? ¿Qué historia crees que quiso contar Goya aquí? Esta pista te reta a mirar más allá de lo evidente y buscar el significado oculto en las expresiones.

Finalmente, para los detectives más detallistas, el Prado ofrece un juego especial: buscar **las mariposas**. En algunas obras, los pintores incluyeron pequeñas mariposas que representan la libertad, la esperanza o incluso la fugacidad de la vida. Puedes encontrarlas en algunas pinturas florales y de paisajes, escondidas entre los pétalos o volando discretamente. Tu misión es encontrarlas y descubrir qué pueden estar diciendo sobre el cuadro en el que aparecen. En los tiempos antiguos, las mariposas eran símbolo de la transformación y el alma, así que encontrarlas puede darte pistas sobre el mensaje más profundo de cada obra.

Así que, ahora que tienes algunas pistas, prepárate para ser el detective del Prado. Cada cuadro es un mundo en sí mismo, lleno de detalles esperando a que los descubras. Con cada pintura que observes, tu misión es descubrir algo que nadie más haya visto. Porque en el Prado, incluso los secretos más pequeños esperan ser revelados por los detectives más curiosos. ¡Adelante, y buena suerte en tu aventura artística!

TU PROPIA OBRA MAESTRA

Ahora que has explorado los misterios del Museo del Prado y descubierto secretos ocultos, ¡es hora de que tú mismo te conviertas en un artista! Crear tu propia obra maestra es una aventura tan emocionante como resolver un misterio. Así que prepárate, toma tus pinceles y colores, y sigue estos consejos inspirados en los grandes artistas del Prado. Porque todos, incluso los genios, alguna vez comenzaron con un primer trazo.

ELIGE UN TEMA FASCINANTE

Cada gran cuadro cuenta una historia. Puede ser un héroe enfrentándose a un dragón, una escena tranquila de la naturaleza, o incluso un misterio que solo tú conoces. ¿Recuerdas los dragones y monstruos de las pinturas del Prado? Puedes inspirarte en ellos o inventar tu propia criatura mágica. Piensa: ¿qué historia quieres contar con tu cuadro? Puede ser un momento especial, una aventura imaginaria o incluso un sueño.

CREA TU PROPIA PALETA DE COLORES MÁGICOS

Los artistas del Prado usaban colores con significados especiales. Velázquez usaba el negro para transmitir elegancia y seriedad, mientras que Goya elegía tonos oscuros para expresar sus emociones profundas. Piensa en los colores que vas a usar y lo que quieres transmitir. Por ejemplo, ¿quieres que tu cuadro se vea alegre y luminoso? Usa colores brillantes como el amarillo o el naranja. ¿Prefieres un toque de misterio? Prueba con el azul oscuro o el púrpura. Juega con los colores y recuerda que cada elección puede hacer que tu pintura sea más poderosa.

AÑADE DETALLES ESCONDIDOS

Los grandes artistas solían esconder detalles en sus obras, como pequeños símbolos o pistas sobre la historia que querían contar. ¿Por qué no hacer lo mismo? Puedes incluir algo que solo tú conozcas: una mariposa en una esquina, una pequeña estrella, o tal vez un número escondido que tenga un significado especial. Estos pequeños detalles hacen que cada pintura sea más interesante, como un secreto esperando a ser descubierto.

Experimenta con texturas y pinceladas

Los pintores del Prado no tenían miedo de experimentar. Velázquez, por ejemplo, usaba pinceladas gruesas para dar profundidad a sus retratos, y El Bosco llenaba sus cuadros de pequeños trazos que parecían mover a sus criaturas. Prueba a hacer diferentes tipos de pinceladas en tu obra. Puedes usar pinceladas largas y suaves para un fondo tranquilo o pinceladas cortas y rápidas para un efecto de movimiento. También puedes probar con diferentes herramientas: usa tus dedos, una esponja o hasta un cepillo de dientes para crear efectos únicos.

Juega con la luz y la sombra

La luz y la sombra son como los magos de una pintura, capaces de darle vida a cualquier cosa. Los pintores del Prado usaban la luz para destacar ciertos elementos y las sombras para crear profundidad y misterio. Intenta elegir una fuente de luz en tu cuadro. ¿Viene del sol? ¿De una vela? ¿De la luna? Usa colores más claros en el área de luz y colores más oscuros para las sombras. La luz puede darle a tu obra un toque dramático o hacer que parezca que algo misterioso está ocurriendo.

Déjate llevar por la imaginación

No tengas miedo de ser original. Si quieres que tu cuadro tenga un dragón verde con alas rosas o una princesa en el espacio, ¡hazlo! El arte es una expresión de lo que tienes dentro, y los grandes maestros no siempre seguían las reglas. A veces, lo más importante es dejar que tu imaginación se desborde. Piensa en Goya, quien pintó criaturas extrañas y oscuros escenarios que nadie había visto antes. Tú también puedes crear lo que quieras, porque en tu obra maestra, tú eres el jefe.

Dale un toque final y un título especial

Cada cuadro merece un título que le dé personalidad. Mira tu obra, obsérvala desde lejos y piensa en un título que la describa o que despierte la curiosidad. ¿Es una "Noche mágica"? ¿O tal vez "El dragón del bosque encantado"? Un buen título puede hacer que tu obra sea aún más interesante, invitando a otros a adivinar de qué trata.

COMPARTE TU OBRA Y CUÉNTALE A OTROS TUS SECRETOS

Cuando termines, enséñale tu obra a alguien y cuéntale sobre los detalles escondidos y los misterios que tu pintura guarda. Puedes inventar una pequeña historia sobre ella o preguntarles qué ven en tu cuadro. Recuerda que cada persona ve algo diferente, y eso hace que el arte sea algo mágico, lleno de posibilidades.

Crear tu propia obra maestra es como un viaje: cada pincelada te lleva a un nuevo lugar y te permite expresar lo que llevas dentro. Inspírate en los grandes cuadros del Prado y crea algo que sea completamente tuyo. Porque, al final, todos llevamos un pequeño artista dentro, esperando contar sus historias en un lienzo. ¡Adelante, y que comience la aventura del arte!

EL PRADO HOY: UN MUSEO VIVO

A pesar de los siglos que han pasado desde su fundación, el Museo del Prado sigue siendo un lugar lleno de vida, misterio y magia. No es solo un museo; es un espacio donde el arte conecta con cada visitante de maneras únicas, como si las pinturas y esculturas hablaran directamente a quienes las observan. Aunque muchas de sus obras tienen siglos de antigüedad, sus historias, emociones y secretos siguen resonando con fuerza, especialmente entre los jóvenes aventureros que llegan con ojos curiosos, listos para explorar un mundo lleno de maravillas.

Cada día, el Prado recibe a visitantes de todo el mundo. Algunos se pierden en los detalles de cuadros como *Las Meninas* de Velázquez, donde la mirada de la infanta Margarita parece seguirte a donde vayas, como si quisiera contarte un secreto que nadie más sabe. Otros se quedan fascinados frente a obras como *El jardín de las delicias* de El Bosco, un lienzo lleno de criaturas extrañas y paisajes imposibles que convierten cada observación en un viaje de descubrimiento. Y para quienes buscan drama y emoción, *Los fusila-*

mientos del 3 de mayo de 1808 de Goya conmueve con su poderosa representación de la tragedia humana. Cada visitante encuentra algo que lo conecta, algo que parece estar esperándolo, como si el museo tuviera algo especial reservado para cada uno.

Los fusilamientos del tres de mayo de 1808,
Francisco de Goya, 1814

Tecnología y accesibilidad: El Prado en el siglo XXI

El Prado no se ha quedado anclado en el pasado. Hoy, utiliza tecnología moderna para acercar su arte a personas de todo el mundo. Las visitas virtuales permiten explorar las salas desde cualquier lugar, acercarse a los detalles de un retrato de Rubens o a los intrincados colores de *Las Tres Gracias*. Estas herramientas hacen que el Prado sea más accesible que nunca, permitiendo que incluso aquellos que no pueden viajar hasta Madrid sientan la emoción de estar frente a sus tesoros.

Además, las visitas interactivas y los talleres para niños y jóvenes son una manera divertida de aprender sobre arte. ¿Te imaginas pintar como Velázquez o descubrir cómo Goya transformó sus emociones más profundas en arte? Estas actividades no solo enseñan técnicas, sino que inspiran a los jóvenes a mirar el mundo a través de los ojos de los grandes maestros.

Exposiciones temporales: Un Prado en constante evolución

El Prado también sigue creciendo y transformándose. Cada año, el museo organiza exposiciones temporales que traen obras de otros lugares del mundo o presentan temas fascinantes. Desde explorar los vínculos entre el arte europeo y otras culturas hasta descubrir cómo los artistas modernos reinterpretan a los grandes maestros, estas exposiciones hacen que siempre haya algo nuevo que ver y aprender. ¿Te imaginas visitar una exposición donde se comparen las obras de Velázquez con las de artistas contemporáneos que se inspiraron en él? Cada nueva muestra es una oportunidad para redescubrir el Prado desde una perspectiva diferente.

El Prado como fuente de inspiración

Para muchos, el Prado no es solo un lugar donde mirar arte; es un lugar que inspira a crear. Jóvenes artistas recorren sus salas y, al observar obras como *El caballero de la mano en el pecho* de El Greco o *Las Hilanderas* de Velázquez, sienten la necesidad de tomar un lápiz o un pincel y contar sus propias historias. Cada cuadro del Prado es un maestro silencioso, mostrando cómo la luz, el color y la composición pueden dar vida a una idea.

Las hilanderas o la fábula de Aracne,
Diego Velázquez, 1664

UN MUSEO QUE LATE CON CADA VISITANTE

El aspecto más mágico del Prado es que sigue vivo gracias a quienes lo visitan. Los guías del museo cuentan historias que hacen que las obras cobren vida: cómo Carlos V cabalgó hacia la gloria en *La batalla de Mühlberg,* cómo Rubens capturó la alegría en *Las Tres Gracias* o cómo Goya plasmó sus miedos más oscuros en las *Pinturas Negras.* Cada relato convierte al Prado en un lugar donde la imaginación y el arte se encuentran, creando experiencias inolvidables.

Y, por supuesto, el Prado no es solo para expertos en arte. Sus puertas están abiertas a todos los que deseen asomarse al mundo de los colores, las formas y las emociones. Desde los talleres para niños hasta los recorridos especializados, el museo tiene algo para cada persona, sin importar su edad o experiencia. Aquí, el arte no es algo distante, sino algo que te invita a formar parte de él.

Así que, la próxima vez que visites el Prado, recuerda que no estás entrando solo a un museo; estás entrando a un lugar lleno de historias vivas, esperando ser descubiertas. Cada cuadro, cada escultura y cada rincón guarda un secreto, y tú puedes ser quien lo descubra. El Prado no es solo un viaje al pasado; es una aventura constante que conecta el arte de ayer con los sueños de hoy.

BIBLIOGRAFÍA

Álvarez Lopera, J. (1994). *El Bosco. El jardín de las delicias*. Madrid: Museo del Prado.

Brown, J. (1998). *Velázquez: Pintor y cortesano*. Madrid: Alianza Editorial.

Checa Cremades, F. (2008). *El esplendor del Renacimiento en el Museo del Prado*. Madrid: Museo del Prado.

De Andrés, G. (1983). *El Museo del Prado y sus edificios: Historia y descripción*. Madrid: Alianza Editorial.

D'Oliviers, J. (2010). *Rubens y la pintura flamenca en el Prado*. Barcelona: Editorial Gustavo Gili.

Fusi Aizpurúa, J. P. (2003). *El Prado y su contexto histórico-artístico*. Madrid: Ediciones Istmo.

Garrido Pérez, C. (2019). *Goya: Una nueva mirada*. Madrid: Museo del Prado.

Hagen, R. M. y Hagen, R. (2006). *El Museo del Prado: Obras maestras en detalle*. Madrid: Taschen.

López-Rey, J. (1996). *Velázquez: Catálogo completo*. Madrid: Taschen.

Martínez Leiva, G. y Bustamante García, E. (2013). *El retrato español en el Prado: Del Greco a Goya*. Madrid: Fundación Amigos del Museo del Prado.

Museo Nacional del Prado. (2019). *Guía del Museo del Prado*. Madrid: Museo del Prado.

Pérez Sánchez, A. E. (1992). *Barroco: Pintura española del siglo XVII en el Prado*. Madrid: Fundación Amigos del Museo del Prado.

Pérez-Seoane, A. (2021). *Las claves del Prado: Una visita diferente a sus obras maestras*. Madrid: Ediciones Akal.

Ruiz Gómez, L. (2020). *El Bosco: Visiones y pesadillas en el Prado*. Madrid: Ediciones Sílex.

Sanz, M. y Portús, J. (2018). *Velázquez, Murillo y Goya: Tres genios del Prado*. Madrid: Museo del Prado.

Varas, M. (2022). *El Museo del Prado: Historia, arte y leyenda*. Madrid: Editorial Debate.

Villena, L. (2015). *Las exposiciones temporales del Museo del Prado: Evolución e impacto cultural*. Barcelona: Editorial Planeta.

ALEJANDRO ALCALÁ

Curiosidades de Madrid

I.S.B.N.: 978-84-1136-118-7

La villa de Madrid está llena de leyendas, historias y curiosidades con mucha miga y sabor castizo. Reyes, personajes históricos, santos, fantasmas, bandidos, mujeres y hombres de diferentes épocas, configuraron la urbe que hoy es capital de la lengua castellana y de toda España. En este pequeño libro recorremos las curiosidades más relevantes de la ciudad de Madrid. Estamos seguros de que tanto madrileños como visitantes disfrutarán de sus páginas y gracias a esas breves notas mirarán con otros ojos las calles, los monumentos y las plazas de la bella y cosmopolita ciudad de Madrid.